A LA
CHAMBRE DES PAIRS.

MEMORANDUM.

> Il y a à faire de la pairie, ni une première, ni une seconde chambre, mais une autre chambre ; une chambre à titre pareil, à pouvoir égal ; une chambre qui, de même, tire son être de ce qui possède la vie ; une chambre enfin, qui ressemble d'origine, et diffère de nature, et balance en puissance. (*La Pairie jugée par les pairs.*)

PARIS.

A. PIHAN DELAFOREST,

IMPRIMEUR DE LA COUR DE CASSATION,
ruc des Noyers, n° 37.
1831.

« On a proposé de confier le soin de former une candi-
dature, aux conseils-généraux électifs, en les réunissant aux
chefs-lieux des cours royales. » (*Rapport de la commission.*)

Ces précieuses paroles viennent apporter la preuve qu'à
son insu, l'esprit humain est en marche ; viennent mon-
trer le signe qui trace et marque la carrière ouverte devant
ses pas.

Ainsi les temps s'annoncent, bien que de loin : le jour
approche où il sera pleinement et généralement compris :

Qu'à l'égard du rétablissement des provinces, la lutte est
entre la patrie qui ne vivra pas avant, et un parti tel quel,
qui craint de périr alors ;

Que dans la vérité, cette institution étant de nature con-
servatrice et consolidatrice, tend à maintenir tout pouvoir
existant ;

Qu'à son aide, l'antique royauté aurait été préservée, si
l'homme de malheur s'était jugé de force à s'occuper des
conditions sociales ;

Et de même que la monarchie nouvelle serait protégée,
si le cabinet d'ordre et de paix se croyait en puissance de
diriger, de dominer le mouvement anarchique.

Le jour approche où il sera vivement et progressivement
senti :

Que la centralisation ou le despotisme administratif est
inévitable dans le chaos actuel de la société ;

Que la bureaucratie, fatale au chef et aux membres de
l'Etat, ne peut être extirpée que par l'action libre et large
des provinces ;

Que le système naturel des états provinciaux, masqué et
honni sous le nom de fédéralisme, doit venir à l'appel de
la liberté, à l'appui de l'ordre ;

Et qu'alors les révolutions à la minute ne s'opéreront plus ;
qu'alors aussi les formes politiques quelconques importeront
peu.

Toutes choses que le talent aurait à faire valoir, que le
temps mûrira à défaut, que les crises accompliront au refus.
(*La Vérité politique.*)

Il fut une déplorable catastrophe, qu'aucun, à bien dire, n'a complotée sciemment, et qu'il n'est ni ne sera donné à personne de réparer.

Tout est achevé, tout est consommé : ici, on se résigne, là on se réjouit. Nulle part on n'y veut reconnaître la puissance du fait.

Ne parlons que des heureux du jour. Ils n'y voient, non pas avant, mais après l'évènement, que le principe de la souveraineté du peuple.

Et ils trouvent bon, juste, simple, que devant le formidable principe, se soit évanouie soudain, ainsi qu'une frêle ombre, cette royauté de vieille roche.

Puis, le génie s'arrête et le sens faillit : la force s'est épuisée dans l'effort ; après un tel pas, le plus grand qu'il y eût, un autre pas, si petit qu'il soit, ne peut se faire.

A entendre les gens, cette vague impétueuse qui a balayé la royauté, n'a pas osé affronter la pairie.

Apparemment que le monde moral et physique étant abîmé, la pairie surnagerait encore.

De là, tant d'angoisses, tant d'incertitudes, tant d'impossibilités ; ainsi qu'il arrive, en ne voyant pas ce qui est, en ne voulant pas ce qui se peut.

En vain on renie le fait : ou sinistre ou propice,

rien n'altère son existence, n'atténue sa puissance.

Un mot dit tout.

Le soleil éteint, plus de rayons : la source tarie, plus de ruisseaux.

Déja la pairie était pâle et terne, alors même que la royauté remontait sur l'horizon, et reprenait de l'éclat.

Maintenant que l'astre est enfoui sous les ténèbres, la lumière expire au foyer, se retire de la sphère.

La révolution d'Angleterre trompe. La pairie existait d'origine, ne procédait de personne.

D'abord rivale, elle luttait contre le trône : ensuite hostile, elle disposait de la couronne.

En installant la nouvelle dynastie, la pairie s'intronisait d'elle-même.

Ici tout au contraire.

La pairie fut tirée du néant, à la voix de cette royauté qui est rentrée dans le néant.

La pairie fut ralliée, fut comme roulée autour du vieux pivot de la pairie féodale, qui s'est fondu sous le coup de la foudre.

De plus, soit peur, soit pudeur, la pairie est restée neutre, nulle : s'abstenant de défendre celui dont elle reçut la vie, ne s'aventurant pas à aider ceux qui la menaçaient de mort.

La pairie n'est plus : et parce qu'elle surgit d'un principe maintenant répudié ; et parce qu'elle s'appuyait sur un système maintenant aboli.

La pairie n'est plus, parce qu'elle ne s'est point

mêlée à la révolution, parce qu'elle n'est point adaptée à la révolution.

Il fallait faire choix : il y avait à marcher en avant, ou à battre en retraite.

Qu'on attaque, qu'on usurpe : c'est le titre le moins valide moralement, le plus valable réellement.

A celui qui emporte le fait de vive force, le droit toujours timide, ne tarde pas à porter son hommage.

Que dire encore ? ceci seulement.

Il n'y a plus de roi de France : chose convenue.

Il n'y a plus de pairs de France : chose sous-entendue.

Le roi des Français implique les pairs des Français.

Concluons.

La Charte de 1830, méditée à loisir, rédigée en accord, eût consommé ou commandé la réformation, la renovation de la pairie.

Car de toutes les lois qui régissent le monde moral, il n'en est aucune aussi rigide, il n'en est peut-être qu'une absolue : l'incompatibilité.

Cependant, l'honneur, le devoir, l'intérêt, confondent leurs voix.

L'honneur qui répugne à se soumettre à la loi infligée, à s'appliquer soi-même la pénitence prescrite, à se châtrer de sa propre main, au premier ordre.

Le devoir qui prohibe de compromettre le repos du pays et de provoquer une révolution nouvelle, par la consécration d'un pouvoir discordant avec l'état des choses.

L'intérêt qui résiste à se jeter sans armes à travers la mêlée, à s'installer en butte à la risée et aux sarcasmes, à la haine et aux vengeances.

Que ceux qui, dans l'absence d'une souveraineté personnelle, capable de vouloir et d'agir ; en présence d'une souveraineté publique, impuissante à penser et à parler, sont, par nécessité, et juges et parties, se disent ces simples choses :

N'y ayant plus de roi de France, il n'y a plus de pairs de France.

N'y ayant rien que le roi des Français, il n'y a rien que les pairs des Français.

Car le second titre émane, le second être procède du premier ; en sorte que celui-ci s'altérant, celui-là s'altère, et que celui-ci expirant, celui-là expire.

Mais comment *être*, comment *se faire* les pairs des Français ?

Quant à l'être, ce semble d'abord impossible, incompatible : Les Français étant pairs entr'eux, les pairs n'étant pas Français au-dessus des autres.

Telle fut la première parole :

« Le nom même est à changer : à un sénat usé,
« la pairie succéda ; à une pairie finie, que le sé-

« nat soit substitué. » (*Des mots vides de sens ,* août 1831.)

Telle fut la parole suivante :

« Il faut puiser à une autre source : le trône est
« trop jeune pour enfanter ; il emprunte encore,
« et ne prête pas déja , la puissance. » (*Idem.*)

En ce peu de mots, la question était posée, était résolue.

Quant à se faire les pairs des Français, cela ne se peut par l'entremise, par l'intervention du roi des Français, qui lui-même est mandataire, effectivement parlant, est révocable , éventuellement parlant.

Que ne pourrait-on pas dire à ceux qui seraient faits pairs, par celui à qui on peut dire : *Qui vous a fait roi ?* (*Débats*, 20 août.)

Et de même, cela ne se peut par le simple procédé de l'apposition de son seing, en façon de visa , au bas de l'article en remplacement, discuté et délibéré ailleurs.

Qu'on cherche autre part ; qu'on rentre en soi-même : qu'on voie ce qui est.

Et qu'on donne une éminente leçon ! qu'on ouvre une voie capitale !

« Il s'agit non-seulement d'organiser la pairie, mais encore d'organiser la patrie.

« Ou plutôt celle-là, existence accidentelle et secondaire , ne prendra vie qu'après celle-ci , existence première et essentielle ; attendu qu'elle ne peut tirer vie que d'elle.

« Et pour lors, de même qu'à présent, mais, par la raison inverse, à peine faut-il parler de la pairie.

« Car la patrie vraiment instituée vit à part de la pairie ; au lieu que la pairie constituée au mieux, se meurt à défaut de la patrie. (*La vérité politique.*)

Tout est à rebours.

L'Etat pèse sur les intérêts, et la patrie échappe au sentiment.

Là, une règle rude et raide s'applique aux lieux les plus distans, aux cas les plus divers ; étant d'autant moins juste et apte quant aux spécialités, qu'elle est mieux conçue, mieux calculée dans sa généralité.

Ici, quelqu'ombre frêle, gisant au sein des nues, se laisse à peine apercevoir, et ne sait point se faire entendre.

Entre la patrie et ses enfans, entre la cité et ses membres, entre l'Etat et ses sujets, le lien équivalent en force à un fil d'araignée, flotte au hasard et est brisé d'un souffle.

D'où, les intérêts se mettent en révolte contre le pouvoir : et manquant d'être guidés, d'être retenus par le sentiment, ils entrent en lutte, et se blessent à merci, et se battent à outrance, au risque de la ruine commune, de leur propre ruine.

On le voit, on le sent : mais on ne sait pas assez que sur la route fatale, il n'y a encore qu'un pas de fait.

Les différends ne sont que de l'ordre politique : ils ont à devenir de l'ordre social.

Lisez donc *la Loi des circonstances, les Périls du temps, les Nécessités de l'époque :* et vous aviserez, si toutefois vous comprenez.

Il y a quarante ans que cela a été dit :

« L'homme se tait encore ; le citoyen se taisait
« aussi. Tout a son terme . le premier droit qui
« soulève la pesante main du Temps, ouvre un
« passage facile à tous les autres droits. » (*Les Prédictions de* 1790.)

Et cela est juste, de cette sorte d'équité native ou innée, qui devrait inspirer la légalité positive ; et que souvent elle veut, que jamais elle ne peut étouffer.

Qu'on se hâte donc : qu'on tente du moins.

Il importe d'abriter les intérêts contre le pouvoir, de rattacher les sentimens à la patrie.

Ce qui s'obtiendra à la fois, en érigeant des sièges intérieurs, inférieurs ; où s'exerce le pouvoir plus à propos, moins au hasard ; où s'aperçoive la patrie, à tous les jours, par tous les sens.

Les communes urbaines et les cantons ruraux, les provinces naturelles : voilà le mot.

Déjà, combien de pages n'ont-elles pas été consacrées à prêcher le grand œuvre : se saisissant de l'occasion propice de la pairie ; et tantôt exprimant comment la nécessité prescrit un tel mode ; tantôt exposant comment, en tout autre sens, l'impossibilité se rencontre.

Ici, et de part et d'autre, arrière les calculs de personnalité, les habitudes de partialité.

Quand il s'agit de la chose, être immuable, incommutable, il n'y a pas à s'occuper de l'homme, existence fragile, volatile.

Certes, en de tels temps, ceux-là même qui se mettent tant en frais et en peines pour l'organisation de la société, ou ne sont point induits par leur intérêt, ou seront trahis dans leur attente.

Ils auront défriché : d'autres récolteront.

Qu'importe ! *il n'y a que des questions de temps*, a dit la *Quotidienne* (18 mai), cette fois naïve ou sensée.

Si cela est trop vrai, dans les considérations de haute politique, cela est aussi vrai, quant aux oscillations de l'opinion publique.

L'homme changera, la chose restera.

En France, le pouvoir est adonné et comme dévoué à se perdre lui-même.

Laissez faire ses amis, et ne laissez point agir ses ennemis.

Les entreprises de violence et de perfidie ne sont comprimées, balancées, que par les attaques de la faiblesse et de la folie.

Sachons attendre, laissons passer la justice de

Dieu : ainsi que dit la *Gazette* (12 avril), à son tour naïve ou sensée.

La puissance du fait est de l'ordre négatif, n'est pas de l'ordre positif.

D'une part, il lui est donné de fermer, de clore, au moins pour du temps, l'ère antérieure, l'ordre précédent ; après avoir lutté contre, après en avoir triomphé.

D'autre part, il lui incombe d'ouvrir, d'aplanir des voies larges et faciles , à l'invasion du fait en sens contraire : qui, de même, terminera l'ère qu'il a commencée, et abattra l'ordre qu'il a établi.

De ce que la chance long-temps équivoque et incertaine, s'est réalisée au moyen d'une révolution ; toute autre chance que couvent déjà ou que conçoivent bientôt les temps, est d'autant plus en passe de se réaliser aussi.

Quand le cèdre est tombé sous le bras des passions, le doigt du caprice suffit à briser l'hysope.

Nous en sommes là.

Ici, rien ou si peu que rien à espérer : là, tout à craindre.

Le présent, dit-on, est gros de l'avenir : le présent actuel est gros de mille et mille avenirs contingens.

Encore, il y a quelque chose au-dessus de ces

éventualités, dont, au reste, il se peut qu'aucune
ne s'effectue.

Peut-être l'ordre des choses n'est point menacé
d'attaques de vive force ; mais il est sourdement
miné par un vice radical.

Quant à son existence, on pourrait parler
d'impossibilités, d'incompatibilités.

Comme si le fait créateur, ayant consommé
dans l'acte, son fonds de puissance, avait laissé
son œuvre à l'état d'impuissance ;

Comme si l'accouchement laborieux, outre
mesure, s'était terminé par l'avortement.

Or, écoutez ceci, puisque vous ne voyez pas.

Concevez d'abord qu'une société, quel que soit
son mode ou son titre, ne peut s'établir, s'affer-
mir, tant que la masse dissidente est considérable
en moyens de toute sorte.

Les ilotes de Sparte étaient abattus, avilis,
écrasés ; au lieu que les ilotes de France possèdent
la fortune, l'influence.

Il n'y aura paix ni calme, ordre ni règle, qu'a-
près qu'ils seront rentrés dans la cité : sauf à les
expulser du pays.

Et, pour parvenir à cette fin, il ne faudrait pas
poursuivre leur existence par le soupçon et les
défiances, par l'injure et les calomnies.

Il faudrait, au contraire, ouvrir devant leur
existence, des voies à la fois honorables et utiles,
où il y eût à servir sa patrie, sans s'asservir au
prince.

Comprenez ensuite qu'une révolution, en quelque façon qu'elle ait lieu, porte à chaque individu, la conscience souvent enflée de son mérite, et la connaissance trop bien fondée de sa force.

Qu'en outre, elle excite les masses à l'envie, à la haine contre ceux qui en tirent profit, et leur suscite l'espérance, la certitude du succès, par l'exemple qu'ils en ont donné eux-mêmes.

On est, on reste sous le coup, qui ne peut manquer d'atteindre tôt ou tard, non-seulement renversant le pouvoir, mais encore bouleversant l'ordre social.

La révolution de 1789 en présente l'image ; ayant passé de classe en classe, jusqu'à la dernière.

Et il n'est moyen de prévenir ou d'amortir le coup fatal, qu'en s'occupant des besoins du peuple, en lui fournissant du travail, en le libérant des entraves et des charges ;

Qu'en établissant des sièges d'administration plus voisins des êtres, plus aptes aux lieux.

Qu'on y songe. Autrement la France et l'Europe même, sont menacées de voir s'ouvrir une ère encore inouie :

L'ère de la dissolution sociale, de la subversion des choses, de l'extermination des hommes.

Dans l'ordre politique, il existe deux sources de vie et de force : qui, tantôt observent l'intermittence, l'une s'arrêtant alors que l'autre coule :

Qui tantôt et surtout à l'époque de transition entre ces phases, gardent leur action simultanée, non sans quelque atténuation mutuelle.

Au premier cas, d'une d'entre elles, et au second cas, d'elles deux, il faut que tout procède.

Ces sources sont la souveraineté nationale et la souveraineté royale.

Or, il est dans la nature de la seconde de comprimer la première : comme il est dans la nature de celle-ci, de s'ouvrir, de jaillir en dépit de celle-là.

Et notez que cet effet s'opère avec d'autant plus de violence, en proportion de la résistance.

Notez que cet effet une fois accompli, peut être ou contenu, ou même suspendu, mais non pas être anéanti.

Après que la source ou le principe de la souveraineté nationale, est venu à se mettre en lumière, en exercice; c'est nécessité de l'admettre en quelque part, de s'y soumettre en quelque point.

Lors de la restauration, bien que vingt années eussent passé comme par dessus; et l'eussent presque annulé dans la pratique, presque effacé dans la mémoire, il fallut y condescendre.

Ainsi que cela fut fait, par la concession de la Charte, soit quant aux droits personnels, soit quant aux pouvoirs publics.

Alors, ce n'était qu'en façon de tolérance pour ainsi dire ; attendu que le principe rival se trouvait en prééminence, en prépondérance.

Maintenant l'état des choses se présente sous la face opposée.

Car le principe royal étant essentiellement de sorte privée, a cessé d'être en même temps que la personne qui le représentait.

Car, en outre, le principe national l'ayant tourné et débordé, l'ayant subjugué, s'est investi de la puissance suprême, ou du moins supérieure.

Et étant essentiellement de sorte générale, il n'y a moyen de l'abattre d'un seul coup.

De là, ce qui suffisait en 1814 ne suffit plus en 1831.

De là, si l'élection d'une chambre lui fut attribuée, la nomination ou la désignation de l'autre chambre lui incombent.

C'est un calcul à faire.

Les forces de l'un et de l'autre principe sont dans le même rapport, de deux à un, par exemple. Mais, l'excédant de force a passé de l'un à l'autre.

Contre la raison mathématique, il n'y a sophisme qui tienne.

On l'a dédaigné cependant, et les embarras sont survenus, surviendront de plus en plus.

Il y a force dans les choses; il n'y a que faiblesse dans l'homme.

C'est la lutte du pot de fer et du pot de terre.

Combien de puissances réputées en grand renom, et censées de grande valeur, s'y sont brisées!

Seulement, en raison de leur consistance, plus

de temps, plus d'efforts sont requis ; comme aussi, la ruine, la chute, est plus éclatante, plus décisive.

Une gloire de vingt ans, attendait la prétention de braver les glaces du Nord.

Un ascendant de huit siècles, attendait la tentative de se jouer d'un accès de colère.

A cette heure, qu'on fasse un faux pas, un seul !!!

On parle fort des trois pouvoirs, monarchique, aristocratique, démocratique : et d'autant moins on est entendu des autres, par cela que de plus en plus, on ne s'entend pas soi-même.

Rayez du dictionnaire le mot *pouvoirs* au pluriel ; et inscrivez en place le mot *droits* au pluriel aussi.

S'il y avait trois pouvoirs distincts et rivaux, le pouvoir, être unique, être simple, n'existerait plus.

Les pouvoirs se tiendraient en guerre ; au lieu que le pouvoir maintient la paix.

Il n'y a point de pouvoirs : il y a des droits.

Ces droits doivent être établis par classe, et investis de force et appelés au concours.

A la rigueur, le droit monarchique, eu égard à l'unité de l'être, est plutôt institué pour garder la balance entre les autres droits.

Quant au droit aristocratique, cette expression usée et faussée, doit s'appliquer à toutes les positions supérieures.

A la fois, elles gardent plus en possession, elles offrent plus à la tentation : et par la rupture de leurs relations, la société tomberait dans la misère, dans la barbarie.

De là, quoique cela puisse choquer, abstraitement parlant, il y a juste motif à tenir le droit aristocratique ainsi entendu, au niveau du droit démocratique.

Lequel, étant aussi mieux défini, embrasse la masse de la population, y compris les classes les plus subalternes.

Maintenant, la démocratie est souveraine de droit, attendu qu'il n'existe qu'une image de royauté, qu'une ombre d'aristocratie.

Et cependant, dans le fait, elle est indûment resserrée au sein d'une classe, sans rapport et même en contraste avec les autres classes.

Encore l'aristocratie, à raison de ses intérêts même, se trouve plus en accord avec lesdites classes.

D'où il y a double motif pour la revêtir d'une existence politique qui soit bastante.

Or, cette existence doit procéder de ce qui possède la vie en propre, et non de ce qui a reçu la vie comme en prêt.

En émanant de la couronne qui n'est elle-même qu'une émanation, ce serait une émanation du second ordre.

Au contraire, en dérivant du peuple, elle s'établit à l'égal de la royauté, comme de la démo-cratie.

2

Ici, comme en toutes les œuvres de la nature, le bien et le mal gissent au même siège ; le poison et l'antidote jaillissent de même source.

Rien n'est formidable comme le levier représentatif.

C'est la puissance de trente millions d'hommes, exercée à vrai ou faux titre, en bon ou mauvais sens, par quatre cents personnes.

Sans dire que les quatre cents pensent d'après quarante, et veulent d'après quatre seulement.

Quelle concentration de puissance !

Il n'y a qu'à trembler, purement et simplement : toute prévoyance étant inhabile, toute résistance étant inégale.

Coupez donc le levier et mettez-le en deux mains.

Faites passer le droit aristocratique, ainsi que le droit démocratique, au baptême de la souveraineté nationale.

Autrement, que la nomination des pairs soit assignée à tel mode d'élection, qui en fasse la représentation du droit aristocratique.

Ainsi, une digue sera opposée aux irruptions de l'avenir.

Ainsi un terme sera imposé aux perturbations du présent.

Voyez les anciens, les nouveaux pairs, divisés entr'eux-mêmes, divisés les uns avec les autres.

Il n'y a que des minorités : il faudrait la presqu'unanimité.

Et là, les sophismes n'ont plus cours, sont sans poids.

Là, des motifs plus hauts ou plus indépendans, mais fort différens de nature , prévalent et décident.

Rien qu'un principe d'ordre transcendant , planant au-dessus de tout , et portant çà et là les espoirs, n'est capable de raccorder, de rallier.

C'est le principe électif.

Lequel, une fois consacré, peut, en raison des temps , être modifié , quant à son exécution, et doit , à travers toutes les chances , demeurer intact en sa conception.

DE L'IMPRIMERIE D'A. PIHAN DELAFOREST,
rue des Noyers , n° 37.